AF331779

SOCIÉTÉ

DE LA

FRATERNITÉ ACTIVE.

PRIX : 10 centimes.

2ᵉᵐᵉ Édition.

PARIS,

CHEZ TOUS LES MARCHANDS DE NOUVEAUTÉS.

et rue d'Enfer, 47.

FÉVRIER 1850.

AUX FONDATEURS

DE L'HARMONIE UNIVERSELLE

LE GENRE HUMAIN RECONNAISSANT.

Souscripteurs de la Première Série.

Petit (Joseph), fabricant.
Delbruck (Jules), homme de lettres.
Mouchiroud (Auguste), comptable.
Treuille (Jean), docteur.
Gressien (Edmond), étudiant.
Laurès (Pierre), médecin.
Arnaud, médecin.
David (Félicien), compositeur.
Fauvety (Charles), homme de lettres.
Lachambaudie (Pierre), homme de lettres.
Saint-Valéry (Gaston), homme de lettres.
Félix (Amand), marchand de vins.
Sellier (Victor), marchand de bois.
Langfeld (Jean), ébéniste.
Henry (Fortuné), homme de lettres.
Signol (Eugène), peintre.
Martin (Charles), peintre.
Beziat (Louis), marchand de vins.
Le Boucher (Adolphe), médecin.
Lasserre (Isidore), professeur.
De la Madeleine frères (Henry et Jules),
    publicistes.
Rouyer (Xavier), médecin.
Corot (Victor), clerc de notaire.
Deslys (Charles), homme de lettres.
Fayet (Laurent), marchand de vins.
Horace (Louis), propriétaire.
Adtaille (Gustave), professeur.
Faurot (Léon), rentier.
Montaigut (Emile), homme de lettres.
Rollet (Patrice), docteur en droit.
Brindeau (Louis), commissionnaire.
Gérard (Claude), commissionnaire.
Aubé (Emile), étudiant.
Roussel (Fleury), étudiant.
Besozzi (L.-D.), artiste.

Delcamp (Auguste), étudiant.
Simonise (Alfred), étudiant.
Mondin (Albert), étudiant.
Dupont (Pierre), homme de lettres.
Barthod (Charles), étudiant.
Aurifeuille (Léon), étudiant.
Goupy (Louis).
Pinel Grandchamp, médecin.
Fleischl (E.-D.), négociant.
Deroin (Jeanne), institutrice.
Viard (Jules), publiciste.
Thomas (Jules-Ferdinand), étudiant.
Lefebvre (Edouard), négociant.
Kunemann (Eugène).
Bry (Pierre), éditeur.
Salières (Hyacinthe), pharmacien.
Traviès (Charles-Joseph), peintre.
Thierry (Albert), professeur.
Terry (Ferdinand), tapissier.
Henry (Eucher), ingénieur.
Faushery (Antoine), homme de lettres.
Devonge (Charles), chirurgien.
X., professeur.
Letellier, homme de lettres.
Séraphin, dessinateur.
Cécile (Noël).
Chamfleury, hommes de lettres.
Viorrain (Jean-Pierre), professeur.
Nantenil (Célestin), peintre.
Robin (Louis-Gustave), étudiant.
Barré (Louis), homme de lettres.
Boudeville (Charles), élève interne.
Brisseaud (E.), commis.
Pégourié (H.), homme de lettres.
Lubré (E.), étudiant.
Glatigny, étudiant.

Belot (H.), étudiant.
Dufresne, étudiant.
Ratignié (Alfred), étudiant.
Allemand, professeur.
Gros, étudiant.
Seguy, étudiant.
Babut, étudiant.
Bacon, inventeur breveté.
Dancre (Alfred), homme de lettres.
Legrand (J.), étudiant.
Bourreiff (Amédée), miroitier.
Parot (François), peintre.
Carred (Henri), employé.
Parenthou (Auguste)
Leray (Anatole), médecin.
Gerin (dame Anne).
Le Prévost (Pierre-Philippe), méd., avocat.
Drevet (Jean-Marie), délégué du peuple.
Nius (Camille), professeur.
Faulenbach (Jules), commis.
Monpion (Paul), cordonnier.
Schindler (Louis), sellier.
Candas (Hippolyte), commis.
Delaurens (Amable), employé.
Huyot (Adolphe), limonadier.
Paulin (Victor), graveur.
Magen (Hippolyte), homme de lettres.
Cousin (Louis), professeur.
Debrard (Marie).
Watripon (Antonio), homme de lettres.
Jarry (Alexandre), homme de lettres.
Delvau (Alfred), homme de lettres.
Boullenot (Alfred), publiciste.
Lubatti (Victor), gérant.
Andrieu (Philibert), marchand.
Mourié (Justin), étudiant.
Bonhomme (Auguste), étudiant.
Pottier (Eugène), dessinateur.
Ottin (Auguste), sculpteur.
Menn (Charles), sculpteur.
Gastellier (Joseph), briquetier.
Poussin (Marguerite).
Drouault (Alphonse), étudiant.
Lalanne (Jean-Baptiste), étudiant.
Chaperon (Louis-Julien), ex-notaire.
Berthelet (Jean-Baptiste), employé.
Viel (Jean-Baptiste), propriétaire.
Frémont (Henry), employé.
De Rilly (Amélie).
X., représentant du peuple.

Wallon, homme de lettres.
Niboyet (Eugénie), femme de lettres.
Faure (Joseph), représentant du peuple.
Fond, représentant du peuple.
Morellet (Elisa), femme de représentant.
Durand (Céleste).
Durand (Antoinette), propriétaire.
Deland (Joséphine), artiste.
Foa (Eugénie), femme de lettres.
Clerget, artiste.
Desvignes, musicien.
Leclerc père, courtier.
Hordez, propriétaire.
Bouclier (Georges), notaire.
Fontaines (Charles), prof. aux Sourds-Muets.
Laurent (Emile), étudiant.
Courcières (Th.).
Guenot (Emile).
Bourgea (Casimir), clerc de notaire.
Salle (Eugène), graveur.
Lafond (Alexandre), peintre.
Hering (Charles), employé.
Laporte (Edmond), employé.
Roberge (Eugène), employé.
Granier (Emile), employé.
Granier (Gustave), employé.
Thibault, employé.
Pioton, employé.
Nempon (Charles), cordonnier.
Bernard (Jean-François), propriétaire.
Pourrat (Jean-Baptiste).
Rode (Antoine-Alex.).
Biottière (Jacques), coiffeur.
Simon (Jules), artiste.
Razneur (Guillaume).
Louis (Jean), étudiant en droit.
Leclair (Edouard), employé.
Lignon (Charles), négociant.
Viet (Amédée), conduc. des ponts-et-chaus.
Despois (Eugène), professeur.
Julien (Bernard), artiste.
Pelle (Isidore), employé.
Lionne (Jean), coiffeur.
Podot (Léon), étudiant en pharmacie.
Goutard (Arthur), étudiant.
Ducos (Etienne), rentier.
Marie (François), tailleur.
Dufau (Alexandre), médecin.
Legault (Charles), artiste.

ASSOCIATION EXPÉRIMENTALE

DE L'ASSOCIATION.

L'Association est l'art de grouper méthodiquement, — UNITAIREMENT, diverses forces productives, pour les distribuer économiquement, — SÉRIAIREMENT.

L'Association, source inépuisable d'économie, d'abondance, de moralité, — de BONHEUR, est nécessairement la destinée de l'homme.

L'Association scientifique, — PROVIDENTIELLE, doit donc comporter la satisfaction des besoins matériels, intellectuels et moraux, principes de tout ordre, de toute liberté, de toute HARMONIE, de toute FÉLICITÉ.

Elle doit embrasser INTÉGRALEMENT l'essor des instincts, des goûts, des besoins, des passions naturelles, — des ATTRACTIONS INNÉES de l'être *simple* et de l'être SOCIAL.

Toutes les impulsions, *instinctives* ou RAISON-NÉES, ont tendu, tendent et tendront vers l'Asso-ciation, soit *négative*, soit POSITIVE, à tel point que les *ennemis* même de l'Association se trouvent dans la nécessité de *s'associer* pour combattre L'ASSOCIATION.

L'ASSOCIATION, science suprême, peut seule consacrer les résultats scientifiques du passé, di-riger les ardeurs régénératrices du présent, justi-fier les aspirations UNITÉISTES de l'avenir.

L'Association, enfin, doit avoir pour but L'EX-PLOITATION de la nature par l'humanité sous l'empire des lois divines; elle doit embrasser la production, la répartition, la consommation, et s'appliquer CUMULATIVEMENT à l'économie domes-tique, à l'agriculture, à l'industrie, au commerce, aux sciences, aux arts, à l'enseignement, pour enfanter L'UNITÉ, L'HARMONIE, la FÉLICITÉ UNI-VERSELLE.

SOCIÉTÉ

DE LA

FRATERNITÉ ACTIVE.

Art. 1. — Un essaim d'hommes dévoués, germe d'une future phàlange harmonienne, très faible d'abord par le nombre, mais fort de sa foi, de son expérience, de sa probité, arborera l'étendard d'une réalisation PROGRESSIVE.

Art. 2. — Tout esprit de parti, tout brandon de discorde, toute controverse scolastique, toute discussion politique, sont expressément bannis de toutes les relations : le but capital, le but unique, étant de traduire dans la vie pratique le régime sociétaire, en commençant toutefois par l'infiniment petit, pour atteindre progressivement l'infiniment grand. En conséquence, un appel est adressé aux cœurs sympathiques, aux âmes généreuses, aux natures charitables :

DE TOUTES LES OPINIONS,
DE TOUTES LES ÉCOLES,
DE TOUTES LES CONTRÉES,
DE TOUS LES ÉTATS,
DE TOUS LES PARTIS,
DE TOUTES LES RACES,
DE TOUTES LES RELIGIONS !

Art. 3. — La société s'établira à la distance de une à cinq lieues de la capitale.

Art. 4. — Le bâtiment contiendra provisoirement de quoi loger de dix-huit à vingt-cinq ménages.

Il devra être entouré, ou très voisin d'un terrain d'une étendue de cinq à douze hectares, propres particulièrement à la culture maraichère, près d'un chemin de fer ou ligne d'omnibus et à proximité d'un village assez populeux pour fournir en cas de nécessité une ressource aux professeurs associés.

Art. 5. — Le siége de la société est provisoirement *rue d'Enfer, 47, à Paris*.

Art. 6. — Le temps de sa durée est limitée à vingt-cinq ans à compter du jour de sa constitution légale.

Art. 7. — Outre l'inventaire général, qui aura lieu tous les ans un mois avant la répartition, il sera dressé et publié tous les six mois un état de la situation sociale.

Art. 8. — S'il arrivait que le déficit dépassât les deux cinquièmes des actions émises, comme il sera dit plus loin, la dissolution de la société sera prononcée par ce seul fait.

Administration.

Art. 9. — La Société sera administrée par un conseil de direction.

Le conseil ne pourra dépasser provisoirement le nombre de sept membres, savoir :

Le Directeur,
Le Sous-Directeur,
Le Trésorier,
3 Commissaires,
Le Secrétaire.

Art. 10. — Ces membres sont :

Directeur, Jean Journet ;
Trésorier, Auguste Mouchiroud ;
Commissaire, Auguste Bellanger ;
Commissaire, Francisque Ducros ;

Commissaire, Salesse;
Secrétaire, Constant Arnoult.

Art. 11. — Sur ces sept membres nommés ou à nommer, trois toucheront, aussitôt qu'il y aura lieu et successivement, un *minimum* de soixante francs par mois, et ils devront ainsi au moins six heures par jour au succès de l'entreprise.

Art. 12. — Dans les circonstances graves ou difficiles, l'administration pourra s'adjoindre temporairement cinq commissaires suppléants ; leurs fonctions seront toujours gratuites.

Art. 13. — Lors du départ pour la prise en possession, l'administration s'agrandira en proportion des besoins, mais de manière à ce que le Sous-Directeur et quatre membres de la direction soient constamment à Paris.

Art. 14. — Le Directeur est nommé pour un an.

Le Sous-Directeur et le trésorier pour neuf mois.

Les autres administrateurs pour six mois, de sorte que tous les trois mois il y ait au moins deux nominations.

Art. 15. — Tous les fonctionnaires sont rééligibles.

Art. 16. — Chaque fonction est déléguée à la majorité des suffrages.

Du Minimum.

Art. 17. — Chaque sociétaire prend l'engagement d'apporter à la société le concours de son talent, de son activité, et un *minimum* en matériel.

Art. 18. — Il sera dressé un état estimatif concernant l'apport de chaque sociétaire ; et en échange de cet apport, il recevra des actions hypothéquées sur tous les biens meubles et immeubles de la société.

Art. 19. — Chaque associé aura droit, en retour, à un *minimum* d'un franc vingt-cinq centimes par jour représenté par la nourriture, le logement, l'habillement pendant tout le temps qu'il fera partie de la société.

Art. 20. — Les femmes, les enfants au-dessus de onze ans, jouiront des huit douzièmes des droits attribués au sexe fort.

Art. 21. — Les enfants trop jeunes pour travailler, les malades, les infirmes, les vieillards qui ne pourront plus travailler, seront entretenus religieusement aux frais de l'Association.

Art. 22. — Les veuves, les orphelins seront adoptés par l'Association.

Art. 23. — Pour rembourser le *minimum*, chaque sociétaire s'engage à appliquer toutes ses facultés :

1° Pendant cinq heures par jour à l'art, à la science, à l'industrie qui lui seront désignés par le conseil administrateur ;

2° Pendant trois heures par jour à l'industrie qu'il lui plaira de choisir parmi celles qui seront successivement établies dans l'Association ;

3° Le reste du temps sera utilisé par lui comme il l'entendra.

Art. 24. — Le *minimum* de chacun d'abord prélevé, les bénéfices seront ainsi répartis :

5/12 également entre tous les Sociétaires ;

4/12 proportionnellement au mérite reconnu par le suffrage des associés ;

2/12 seront consacrés à l'établissement d'une bibliothèque, d'un laboratoire de chimie, d'un cabinet de physique, en un mot à tout ce qui devra assurer, embellir et étendre l'existence de l'Association ;

Et enfin 1/12 destiné à une caisse de secours, à un fonds de réserve

Art. 25. — Les femmes, les enfants au-dessus de onze ans, suivront, pour la répartition de leur part proportionnelle, la formule indiquée ci-dessus,

Art. 26. — Tous les membres de l'association, hommes, femmes et enfants au-dessus de onze ans, auront un compte personnel ouvert au grand-livre.

Art. 27. — Tous les enfants, sans exception, ont droit également et gratuitement à l'éducation professionnelle et intellectuelle que pourra procurer l'établissement.

Distribution du Temps.

Art. 28. — Du lever à 7 heures, liberté d'action.
De 7 heures à 7 heures 1⁄2, déjeuner.
De 7 1⁄2 à 10 heures séance commandée et obligatoire.
De 10 heures à 11 heures 1⁄2, séance obligatoire, mais libre dans son essor.
De 11 heures 1⁄2 à 2 heures, dîner; liberté d'action.
De 2 heures à 3 heures 1⁄2, séance obligatoire, mais libre dans son essor.
De 3 heures 1⁄2 à 6 heures, séance commandée et obligatoire.
De 6 heures à 7 heures, instructions, dissertations, lectures publiques, expositions sur la science de L'UNITÉ UNIVERSELLE.
De 7 heures à 8 heures, souper.
De 8 heures au coucher, liberté d'action.

Art. 29. — La séance de 6 heures à 7 heures sera obligatoire pour tous les membres qui auront atteint l'âge de sept ans, et qui n'auront pas dépassé l'âge de cinquante-cinq ans.

Art. 30. — Tous les jeudis, il y aura, le soir, concert, où tous seront priés de concourir.
Tous les dimanches, il y aura, le soir, bal ou spectacle, où tous seront priés d'assister.

Dispositions progressives.

Art. 31. — La société est constituée en vue d'une extension incessante, jusqu'à ce que TOUS soient convaincus que la loi des destinées heureuses est découverte, et qu'il est très facile de la réaliser, même avec des moyens infiniment faibles.

Quand les ménages associés seront au nombre de trente à quarante environ, l'on manœuvrera en vue d'organiser de plus en plus L'ÉDUCATION ATTRAYANTE au moyen de l'institution du COLLÉGE DES ORPHELINS, dont les plans et devis auront été préparés à l'avance (il y a déjà bon nombre de documents recueillis).

Art. 32. — Lorsque trois cents à trois cent cinquante élèves seront installés et groupés sériairement, lorsque la prospérité de l'établissement sera fortement établie, lorsque les résultats seront évidents, incontestables pour les plus sceptiques ou les plus timorés, la sollicitude de l'administration se portera sur l'édification de la COMMUNE SOCIÉTAIRE, dont les plans et devis auront été préparés sans relâche par un groupe compétent, aidé de tous les hommes de bonne volonté qui seront appelés à y concourir.

Ces divers mouvements, mûris par la foi scientifique, soutenus par un fraternel dévouement, dirigés par une prudence et une énergie incessantes, peuvent conduire en quelques trimestres la société à la conquête des destinées humaines, en offrant au monde UN EXEMPLE PRATIQUE D'ASSOCIATION INTÉGRALE, — DU TRAVAIL SCIENTIFIQUEMENT ORGANISÉ.

Admission.

Art. 33. — Tous ceux qui désireront faire partie de la Société de la Fraternité active, devront être présentés, soit par deux membres de l'Association, soit par les délégués que l'administration désignera pour cet effet.

Art. 34. — Après le départ du second essaim, un noviciat de trois mois sera imposé à tout candidat avant d'être membre définitif de l'Association. Cette réception définitive sera solennelle, afin de mieux pénétrer le récipiendaire que le lien de solidarité pratique qu'il va contracter, le constitue soldat de cette milice harmonienne devant donner au monde un grand exemple, en réalisant sur ce globe le règne de la fraternité universelle prévu par la Providence de toute éternité.

Dans ce but, une heure tous les jours étant consacrée aux enseignements du CODE SOCIAL DIVIN, ceux qui se seront le plus distingués dans ces exercices, et qui auront donné en outre de puissantes garanties d'activité, de science, d'enthousiasme, passeront au groupe apostolique chargé d'annoncer la BONNE NOUVELLE au genre humain.

Art. 35. — Il leur sera accordé tous les jours, s'il y a lieu, le temps nécessaire pour se préparer dignement à cette sainte mission.

Art. 36. — Les missionnaires, pendant leurs expéditions, seront entretenus aux frais de la Société, et à cet effet ils recevront un *minimum* de trois francs cinquante centimes par jour.

Art. 37. — Les corporations ouvrières, les diverses associations fraternelles qui auront concouru à la fondation ou au développement de l'Association EXPÉRIMENTALE, auront droit à la moitié des présentations des membres qui voudront faire partie de la phalange initiatrice.

Art. 38. — L'Association pourra recevoir des pensionnaires à un prix très modéré, s'ils peuvent témoigner d'une haute moralité. Il leur sera loisible alors de se faire admettre dans les travaux distribués parcellairement. Par ce moyen, quand ils seront reconnus aptes, ils pourront participer aux bénéfices, et réduire d'autant le prix de leur pension.

Art. 39. — Les hommes qui ont reçu de DIEU le génie de l'invention, et qui ont été, et qui sont constamment méconnus, abandonnés ou exploités par leurs contemporains, n'auront qu'à se présenter devant un jury nommé par les corporations ouvrières et associations fraternelles ci-dessus désignées, et après un mûr examen, un rapport favorable, ils seront admis gratuitement au sein de la société, et encouragés, soutenus, aidés dans leur œuvre, autant que la prospérité de la colonie le comportera.

Art. 40.

Dépenses approximatives d'Installation pour treize ménages.

Location de l'habitation et du terrain. .	3,500 f.
Frais de distribution.	1,000
Mobiliers.	3,500
Outils.	2,500
Matières premières.	800
Provisions pour trois mois. . , . .	2,800
Deux vaches.	280
Basse-Cour.	250
Fourrages, paille, fumier. . . .	350
Frais imprévus.	1,800
Total :	16,780

Art. 41.

Catégorie des premières Industries à introduire successivement.

PREMIER DÉPART.

Menuisiers, Ébénistes.
Agriculteurs, Jardiniers.
Fabricants de chaises, Tourneurs.

DEUXIÈME DÉPART.

Lingères, Couturières.
Cordonniers, Bottiers.

Maréchal, Forgeron.
Vanniers, Cartonniers.

TROISIÈME DÉPART.

Tailleurs, Brodeuses.
Ferblantiers, Pompiers.
Tapissières, Fleuristes.

Souscription volontaire.

ART. 42.—En attendant la souscription universelle
et permanente qui coïncidera avec la réalisation du
COLLÉGE DES ORPHELINS, il sera ouvert immédiatement et successivement dans chaque arrondisse-
ment de Paris et dans tous les chefs-lieux des dépar-
tements deux registres de souscriptions, l'un établi à
poste fixe, l'autre qui sera mis en circulation et confié
à l'active sollicitude de tous nos partisans, de tous nos
amis, de tous les hommes éclairés, de toutes les per-
sonnes de cœur.

ART. 43. — Le *minimum* de la souscription est
d'un franc.

Des sous-groupes de souscripteurs pourront se
constituer et verser entre les mains du chef choisi par
eux, dix centimes, vingt-cinq centimes, cinquante
centimes par mois : mais l'administration n'aura à
recevoir que d'un seul individu.

ART. 44. — L'on pourra payer facultativement de
mois en mois, de trimestre en trimestre, de semestre
en semestre, d'année en année.

Dans tous les cas, la souscription cesse de plein
droit à la volonté des souscripteurs.

Émission des Actions.

ART. 45. — Outre la souscription gratuite, il sera
mis pour vingt-cinq mille francs d'actions ainsi
éparties :

Cent actions à cent francs. . . . . 10,000 fr.
Quinze cents coupons d'actions à dix
francs. . . . . 15,000 fr.

Total. . . 25,000 fr.

Art. 46.—Les actions ne porteront aucun intérêt.

Art. 47. — Elles seront payables par cinquième de mois en mois.

Art. 48. — Toutes seront remboursables par tiers,
— un tiers à la fin de la troisième année;
Un tiers à la fin de la cinquième année;
Le dernier tiers à la fin de la sixième année.

Art. 49.—La moitié des actions, c'est-à-dire toutes celles qui porteront le nombre pair, seront hypothéquées sur tous les biens meubles et immeubles de la société, et garanties par tous les moyens qui peuvent donner la certitude d'un remboursement intégral.

Art. 50. — L'autre moitié, c'est-à-dire celles qui portent le nombre impair, subiront les chances éventuelles de l'Association.

Dispositions diverses.

Art. 51. — Si quelque membre de la Société, par une conduite trop condamnable, portait une grave atteinte à l'harmonie du corps sociétaire, il pourra en être retranché dans les conditions suivantes :
Il sera d'abord réprimandé en particulier par les administrateurs réunis à cet effet.
En cas de récidive, il sera blâmé en séance publique.
Enfin, s'il fournit une nouvelle occasion, il sera renvoyé après deux votes successifs, réunissant les deux tiers des suffrages, et constatés à huit jours l'un de l'autre.
Toutes ses actions, tous ses droits lui seront rem-

boursés immédiatement, sauf les bénéfices de l'année courante auxquels il n'aura droit proportionnelle ment qu'après la répartition générale.

Art. 52. — Il n'y aura provisoirement que deux tables, celle des adultes et celle des enfants : — les femmes pourront choisir à volonté l'une ou l'autre de ces deux tables.

Art. 53. — Le costume du *minimum*, auquel seul on a droit provisoirement, sera déterminé, quant à la forme, par un groupe d'artistes; quant à la qualité, par la prospérité générale; il devra concilier la salubrité, l'économie, la durée, la commodité, l'élégance.

Art. 54. — La plus grande lumière devant éclairer la marche de ceux qui se proposent pour but de conduire le genre humain dans les voies de justice et de vérité,—tous les registres, correspondance, adresses, comptabilité et documents de toute espèce, seront mis à volonté à la disposition de tous les souscripteurs, sur leur demande écrite.

Art. 55. — Un livre de *quart* sera tenu, et rendra public au moins une fois par mois, le mouvement matériel et moral de l'association.

Art. 56. — Les noms de ceux qui voudront figurer sur les listes seront conservés religieusement; ces listes porteront en tête cette inscription :

AUX FONDATEURS
DE L'HARMONIE UNIVERSELLE,
LE GENRE HUMAIN RECONNAISSANT.

Écrire à Jean JOURNET, directeur, rue d'Enfer, 47, à Paris (*affranchir*).

A TOUS LES HOMMES DE BONNE VOLONTÉ

SALUT FRATERNEL.

Nous, Membres de la Société fraternelle des Limonadiers, Café de l'Union,

Vu, d'une part, l'état déplorable dans lequel les malheureux enfants de la terre ont passé six mille ans de leur existence;

Vu que les plus brillantes inventions, les plus miraculeuses découvertes n'ont été, jusqu'à ce jour, que de vains palliatifs à tant de calamités;

Vu qu'il n'est plus permis de douter que l'égoïsme général et invétéré puise sa source dans un morcellement illimité, dans une concurrence anarchique;

Considérant, d'autre part, que le monde comprend enfin que les lois d'associations sont les seules sous lesquelles il soit permis à l'humanité d'accomplir harmonieusement sa destinée;

Considérant que les plus grandes inspirations théoriques ne peuvent devenir fécondes et s'universaliser qu'à la condition de s'incarner dans les faits pratiques, par des expériences scientifiquement combinées;

Considérant que l'*Association expérimentale*, dite *Société de la Fraternité active*, par les garanties de tout genre que paraît offrir son administration, par la simplicité méthodique du plan qui nous a été soumis, par les avantages inespérés que recueillerait le genre humain de la solution pratique et pacifique des problèmes qui sont indiqués dans ce plan;

Considérant, par tous ces motifs, que ladite Association expérimentale mérite d'être encouragée, soutenue, protégée fraternellement, avons résolu :

Les Membres de l'Association fraternelle des Limonadiers (Café de l'Union), souscrivent chacun pour cinquante centimes par mois, selon les clauses et conditions contenues dans les articles 42, 43, 44 de l'acte qui précède.

Ils ont en outre le ferme espoir que l'exemple de leur concours sera suivi par tous ceux de leurs frères et amis qui ont à cœur le triomphe irrésistible et prochain de la sainte cause de la Solidarité, de la Fraternité, de l'Association universelle.

Que Dieu protége la Famille, pour que la Famille dévoile au Monde les routes de la félicité.

Et ont signé : A. HUYOT, A. PINEL, G. MÉNÉTRIER, CHARIGNON et F. HERFERDT.

FIN.

Paris. — Imp. LACOUR ET COMP., rue Soufflot, 11, et rue St-Hyacinthe-St-Michel, 33.